Impressum
Verlag: BABADADA GmbH, Nedderfeld 112 , 22529 Hamburg
Geschäftsführer / Verlagsleitung: Harald Hof
Druck: Books on Demand GmbH, In de Tarpen 42, 22848 Norderstedt

Imprint
Publisher: BABADADA GmbH, Nedderfeld 112 , 22529 Hamburg, Germany
Managing Director / Publishing direction: Harald Hof
Print: Books on Demand GmbH, In de Tarpen 42, 22848 Norderstedt, Germany

1

die Schule

школа

das Klassenzimmer
классная комната

dividieren
делить

186/2

die Tafel
доска

der Schulhof
школьный двор

der Lehrer
учитель

das Papier
бумага

schreiben
писать

der Stift
ручка

der Schreibtisch
письменный стол

das Lineal
линейка

das Buch
книга

die Schüler
ученик

die Schultasche

ранец

die Federmappe

пенал

der Bleistift

карандаш

der Bleistiftspitzer

точилка

der Radierer

ластик

der Zeichenblock

альбом для рисования

die Zeichnung

рисунок

der Pinsel

кисточка

der Malkasten

коробка красок

die Schere

ножницы

der Klebstoff

клей

das Übungsheft

тетрадь

die Hausübung

домашняя работа

die Zahl

цифра

addieren

прибавлять

subtrahieren

вычитать

multiplizieren

умножать

rechnen

считать

der Buchstabe

буква

das Alphabet

алфавит

das Wort

слово

der Text

текст

lesen

читать

die Kreide

мел

die Unterrichtsstunde

урок

das Klassenbuch

классный журнал

die Prüfung

экзамен

das Zeugnis

диплом

die Schuluniform

школьная форма

die Ausbildung

образование

das Lexikon

энциклопедия

die Universität

университет

das Mikroskop

микроскоп

die Karte

карта

der Papierkorb

корзина для бумаг

das Hotel
гостиница

die Jugendherberge
турбаза

die Wechselstube
пункт обмена валюты

der Koffer
чемодан

das Auto
автомобиль

die Sprache

язык

ja / nein

да / нет

Okay

хорошо

Hallo

Привет

die Dolmetscherin

переводчик

Danke

Спасибо

Wie viel kostet …?

Сколько стоит…?

Ich verstehe nicht.

Я не понимаю

das Problem

проблема

Guten Abend!

Добрый вечер!

Guten Morgen!

Доброе утро!

Gute Nacht!

Доброй ночи!

Auf Wiederschaun!

До свидания

die Richtung

направление

das Gepäck

багаж

die Tasche

сумка

der Rucksack

рюкзак

der Gast

гость

das Zimmer

комната

der Schlafsack

спальный мешок

das Zelt

палатка

die Touristeninformation

туристическая информация

der Strand

пляж

die Kreditkarte

кредитная карточка

das Frühstück

завтрак

das Mittagessen

обед

das Abendessen

ужин

die Fahrkarte

билет

der Lift

лифт

die Briefmarke

почтовая марка

die Grenze

граница

der Zoll

таможня

die Botschaft

посольство

das Visum

виза

der Pass

паспорт

der Transport
транспорт

das Flugzeug
самолёт

das Schiff
корабль

das Feuerwehrauto
пожарный автомобиль

das Lastwagen
грузовик

der Bus
автобус

das Motorboot
моторная лодка

das Auto
автомобиль

das Fahrrad
велосипед

die Fähre

паром

das Boot

лодка

das Motorrad

мотоцикл

das Polizeiauto

полицейский автомобиль

das Rennauto

гоночный автомобиль

der Mietwagen

арендованный
автомобиль

das Carsharing

совместное пользование автомобилями

der Abschleppwagen

буксировочный автомобиль

der Müllwagen

мусоровоз

der Motor

двигатель

der Kraftstoff

топливо

die Tankstelle

заправка

das Verkehrsschild

дорожный знак

der Verkehr

движение

der Stau

пробка

der Parkplatz

автостоянка

der Bahnhof

вокзал

die Schienen

рельсы

der Zug

поезд

die Straßenbahn

трамвай

der Wagon

вагон

der Hubschrauber

вертолёт

der Flughafen

аэропорт

der Tower

вышка

der Passagier

пассажир

der Container

контейнер

der Karton

коробка

der Rollwagen

тележка

der Korb

корзина

starten / landen

взлетать / приземляться

die Stadt

город

das Dorf

деревня

das Stadtzentrum

центр города

das Haus

дом

das Kino
кинотеатр

die Werbung
реклама

die Straßenlaterne
уличный фонарь

die Straße
улица

das Taxi
такси

der Kiosk
киоск

der Fußgänger
пешеход

der Gehsteig
тротуар

der Zebrastreifen
пешеходный переход

die Mülltonne
мусорное ведро

die Kreuzung
перекрёсток

die Ampel
светофор

die Hütte
хижина

die Wohnung
квартира

der Bahnhof
вокзал

das Rathaus
ратуша

das Museum
музей

die Schule
школа

die Universität

университет

die Bank

банк

das Spital

больница

das Hotel

гостиница

die Apotheke

аптека

das Büro

офис

die Buchhandlung

книжный магазин

das Geschäft

магазин

der Blumenladen

цветочный магазин

der Supermarkt

супермаркет

der Markt

рынок

das Kaufhaus

универмаг

der Fischhändler

торговец рыбой

das Einkaufszentrum

торговый центр

der Hafen

порт

der Park

парк

die Bank

скамейка

die Brücke

мост

die Stiege

лестница

die U-Bahn

метро

der Tunnel

тоннель

die Bushaltestelle

автобусная остановка

die Bar

бар

das Restaurant

ресторан

der Briefkasten

почтовый ящик

das Straßenschild

табличка с названием
улицы

die Parkuhr

паркометр

der Zoo

зоопарк

die Badeanstalt

бассейн

die Moschee

мечеть

der Bauernhof

ферма

die Umweltverschmutzung

загрязнение окружающей среды

der Friedhof

кладбище

die Kirche

церковь

der Spielplatz

детская площадка

der Tempel

храм

die Landschaft
ландшафт

das Blatt
лист

der Wegweiser
дорожный указатель

der Weg
дорога

die Wiese
луг

der Stein
камень

der Wanderer
путешественник

der Baum
дерево

der Fluss
река

das Gras
трава

die Blume
цветок

das Tal
долина

der Hügel
гора

der See
озеро

der Wald
лес

die Wüste
пустыня

der Vulkan
вулкан

das Schloss
замок

der Regenbogen
радуга

der Pilz
гриб

die Palme
пальма

der Moskito
комар

die Fliege
муха

die Ameise
муравей

die Biene
пчела

die Spinne
паук

der Käfer

жук

der Frosch

лягушка

das Eichhörnchen

белка

der Igel

еж

der Hase

заяц

die Eule

сова

die Vogel

птица

der Schwan

лебедь

das Wildschwein

кабан

der Hirsch

олень

der Elch

лось

der Staudamm

плотина

das Windrad

ветряной генератор

das Solarmodul

солнечная батарея

das Klima

климат

der Kellner
официант

die Speisekarte
меню

der Sessel
стул

die Suppe
суп

die Pizza
пицца

die Tischdecke
скатерть

das Besteck
столовые приборы

die Vorspeise

закуска

das Hauptgericht

главное блюдо

die Nachspeise

десерт

die Getränke

напитки

das Essen

еда

die Flasche

бутылка

das Fastfood

фастфуд

das Streetfood

уличная еда

die Teekanne

чайник

die Zuckerdose

сахарница

die Portion

порция

die Espressomaschine

кофеварка

der Kinderstuhl

детский стульчик

die Rechnung

счет

das Tablett

поднос

das Messer

нож

die Gabel

вилка

der Löffel

ложка

der Teelöffel

чайная ложка

die Serviette

салфетка

das Glas

стакан

der Teller

тарелка

der Suppenteller

суповая тарелка

die Untertasse

блюдце

die Sauce

соус

der Salzstreuer

солонка

die Pfeffermühle

мельница для перца

der Essig

уксус

das Öl

масло

die Gewürze

специи

das Ketchup

кетчуп

der Senf

горчица

die Mayonnaise

майонез

der Supermarkt
супермаркет

das Angebot
специальное предложение

der Kunde
покупатель

die Milchprodukte
молочные продукты

das Obst
фрукты

der Einkaufswagen
тележка для покупок

die Schlachterei

мясной магазин

die Bäckerei

пекарня

wiegen

взвешивать

das Gemüse

овощи

das Fleisch

мясо

die Tiefkühlkost

быстрозамороженные
продукты

der Aufschnitt

нарезка

die Konserven

консервы

das Waschmittel

стиральный порошок

die Süßigkeiten

сладости

die Haushaltsartikel

предмет домашнего обихода

das Reinigungsmittel

моющее средство

die Verkäuferin

продавщица

die Kassa

касса

die Kassiererin

кассир

die Einkaufsliste

список покупок

die Öffnungszeiten

время работы

die Brieftasche

бумажник

die Kreditkarte

кредитная карточка

die Tasche

сумка

die Plastiktüte

полиэтиленовый пакет

die Getränke
напитки

das Wasser

вода

der Saft

сок

die Milch

молоко

die Cola

кока-кола

der Wein

вино

das Bier

пиво

der Alkohol

алкоголь

der Kakao

какао

der Tee

чай

der Kaffee

кофе

der Espresso

эспрессо

der Cappuccino

капучино

die Banane

банан

der Apfel

яблоко

die Orange

апельсин

die Melone

арбуз

die Zitrone

лимон

die Karotte

морковь

der Knoblauch

чеснок

der Bambus

бамбук

die Zwiebel

лук

der Pilz

гриб

die Nüsse

орехи

die Nudeln

лапша

die Spaghetti

спагетти

der Reis

рис

der Salat

салат

die Pommes frites

картофель фри

die Bratkartoffeln

жареный картофель

die Pizza

пицца

der Hamburger

гамбургер

das Sandwich

сэндвич

das Schnitzel

шницель

der Schinken

ветчина

die Salami

салями

die Wurst

колбаса

das Huhn

курица

der Braten

жаркое

der Fisch

рыба

die Haferflocken

овсяные хлопья

das Müsli

мюсли

die Cornflakes

кукурузные хлопья

das Mehl

мука

das Croissant

круассан

die Semmel

булочка

das Brot

хлеб

der Toast

тост

die Kekse

печенье

die Butter

масло

der Topfen

творог

der Kuchen

пирог

das Ei

яйцо

das Spiegelei

яичница

der Käse

сыр

die Eiscreme

мороженое

der Zucker

сахар

der Honig

мёд

die Marmelade

мармелад

der Schokoladenaufstrich

крем с нугой

das Curry

карри

das Bauernhaus
крестьянский дом

die Scheune
сарай

der Strohballen
тюк из соломы

das Feld
поле

das Pferd
лошадь

der Anhänger
прицеп

das Fohlen
жеребёнок

der Traktor
трактор

der Esel
осёл

das Schaf
овца

das Lamm
ягнёнок

die Ziege
коза

die Kuh
корова

das Kalb
телёнок

das Schwein
свинья

das Ferkel
поросёнок

der Stier
бык

die Gans

гусь

die Ente

утка

das Küken

цыплёнок

das Huhn

курица

der Hahn

петух

die Ratte

крыса

die Katze

кошка

die Maus

мышь

der Ochse

вол

der Hund

собака

die Hundehütte

конура

der Gartenschlauch

садовый шланг

die Gießkanne

лейка

die Sense

коса

der Pflug

плуг

der Bauernhof - ферма

die Sichel

серп

die Hacke

мотыга

die Mistgabel

навозные вилы

die Axt

топор

die Schubkarre

тачка

der Trog

корыто

die Milchkanne

бидон для молока

der Sack

мешок

der Zaun

забор

der Stall

хлев

das Treibhaus

теплица

der Boden

почва

die Saat

посев

der Dünger

удобрение

der Mähdrescher

комбайн

ernten

собирать урожай

die Ernte

урожай

die Yamswurzel

ямс

der Weizen

пшеница

das Soja

соя

der Erdapfel

картофель

der Mais

кукуруза

der Raps

рапс

der Obstbaum

фруктовое дерево

der Maniok

маниок

das Getreide

злаки

der Schornstein
дымоход

das Dach
крыша

die Regenrinne
водосточный желоб

das Fenster
окно

die Garage
гараж

die Klingel
звонок

die Tür
дверь

der Abfallkübel
мусорное ведро

der Briefkasten
почтовый ящик

der Garten
сад

das Wohnzimmer
гостиная

das Badezimmer
ванная комната

die Küche
кухня

das Schlafzimmer
спальня

das Kinderzimmer
детская комната

das Esszimmer
столовая

der Boden

пол

die Wand

стена

die Decke

потолок

der Keller

подвал

die Sauna

сауна

der Balkon

балкон

die Terrasse

терраса

das Schwimmbad

бассейн

der Rasenmäher

газонокосилка

der Bettbezug

пододеяльник

die Bettdecke

покрывало

das Bett

кровать

der Besen

метла

der Kübel

ведро

der Schalter

выключатель

die Tapete
обои

das Bild
рисунок

die Lampe
лампа

das Regal
полка

der Schrank
шкаф

der Fernseher
телевизор

der Kamin
камин

die Blume
цветок

der Polster
подушка

das Sofa
диван

die Vase
ваза

die Fernbedienung
пульт дистанционного управления

der Teppich
ковёр

der Vorhang
штора

der Tisch
стол

der Sessel
стул

der Schaukelstuhl
кресло-качалка

der Sessel
кресло

das Buch

книга

die Decke

покрывало

die Dekoration

украшение

das Feuerholz

дрова

der Film

фильм

die Stereoanlage

стереосистема

der Schlüssel

ключ

die Zeitung

газета

das Gemälde

картина

das Poster

плакат

das Radio

радио

der Notizblock

блокнот

der Staubsauger

пылесос

der Kaktus

кактус

die Kerze

свеча

der Kühlschrank
холодильник

die Mikrowelle
микроволновая печь

die Küchenwaage
кухонные весы

der Toaster
тостер

das Reinigungsmittel
моющее средство

der Backofen
духовка

das Gefrierfach
морозилка

der Abfallkübel
мусорное ведро

der Geschirrspüler
посудомоечная машина

der Herd
плита

der Topf
кастрюля

der Eisentopf
чугунный котелок

der Wok / Kadai
вок / кадай

die Pfanne
сковорода

der Wasserkocher
чайник

der Dampfgarer

пароварка

das Backblech

противень

das Geschirr

посуда

der Becher

кружка

die Schale

миска

die Essstäbchen

палочки для еды

der Schöpflöffel

половник

der Pfannenwender

лопатка

der Schneebesen

сбивалка

das Kochsieb

сито

das Sieb

сито

die Reibe

тёрка

der Mörser

ступка

der Grill

гриль

das Kaminfeuer

костёр

das Schneidebrett

доска

das Nudelholz

скалка

der Korkenzieher

штопор

die Dose

жестяная банка

der Dosenöffner

консервный нож

der Topflappen

прихватка

das Waschbecken

раковина

die Bürste

щетка

der Schwamm

губка

der Mixer

миксер

die Gefriertruhe

морозильная камера

die Babyflasche

бутылочка для кормления

der Wasserhahn

кран

das Badezimmer
ванная комната

die Dusche
душ

die Heizung
отопление

das Handtuch
полотенце

der Duschvorhang
душевая занавеска

das Schaumbad
пенистая ванна

die Badewanne
ванна

das Glas
стакан

die Waschmaschine
стиральная машина

die Fliesen
плитка

der Wasserhahn
кран

der Nachttopf
горшок

das Waschbecken
раковина

das Klo
туалет

die Hocktoilette
напольный унитаз

das Bidet
биде

das Pissoir
писсуар

das Klopapier
туалетная бумага

die Klobürste
ершик

die Zahnbürste

зубная щетка

die Zahnpasta

зубная паста

die Zahnseide

зубная нить

waschen

мыть

die Handbrause

ручной душ

die Intimdusche

интимный душ

die Waschschüssel

таз

die Rückenbürste

щетка для спины

die Seife

мыло

das Duschgel

гель для душа

das Shampoo

шампунь

der Waschlappen

мочалка

der Abfluss

сток

die Creme

крем

das Deodorant

дезодорант

der Spiegel

зеркало

der Kosmetikspiegel

ручное зеркало

der Rasierer

бритва

der Rasierschaum

пена для бритья

das Rasierwasser

лосьон после бритья

der Kamm

расческа

die Bürste

щетка

der Föhn

фен

das Haarspray

лак для волос

das Makeup

косметика

der Lippenstift

губная помада

der Nagellack

лак для ногтей

die Watte

вата

die Nagelschere

маникюрные ножницы

das Parfum

духи

das Badezimmer - ванная комната

der Kulturbeutel

косметичка

der Hocker

табуретка

die Waage

весы

der Bademantel

халат

die Gummihandschuhe

резиновые перчатки

das Tampon

тампон

die Damenbinde

гигиеническая прокладка

die Chemietoilette

биотуалет

das Kinderzimmer
детская комната

der Wecker
будильник

das Kuscheltier
мягкая игрушка

das Spielzeugauto
игрушечный автомобиль

die Rassel
погремушка

das Puppenhaus
кукольный домик

das Geschenk
подарок

der Ballon

воздушный шар

das Bett

кровать

der Kinderwagen

детская коляска

das Kartenspiel

карточная игра

das Puzzle

пазл

der Comic

комикс

die Legosteine

кирпичики Лего

die Bausteine

кубики

die Actionfigur

игрушечная фигурка

der Strampelanzug

ползунки

das Frisbee

фрисби

das Mobile

мобиле

das Brettspiel

настольная игра

der Würfel

кубик

die Modelleisenbahn

модель железной дороги

der Schnuller

соска

die Party

вечеринка

das Bilderbuch

книга с картинками

der Ball

мяч

die Puppe

кукла

spielen

играть

der Sandkasten

песочница

die Schaukel

качели

das Spielzeug

игрушка

die Spielkonsole

игровая приставка

das Dreirad

трёхколесный велосипед

der Teddy

плюшевый медвежонок

der Kleiderschrank

шкаф для одежды

die Kleidung

одежда

die Socken

носки

die Strümpfe

чулки

die Strumpfhose

колготки

der Schal
шарф

der Regenschirm
зонтик

das T-Shirt
футболка

der Gürtel
ремень

die Stiefel
сапоги

die Hausschuhe
тапки

die Turnschuhe
кроссовки

die Sandalen
сандалии

die Schuhe
ботинки

die Gummistiefel
резиновые сапоги

die Unterhose
трусы

der Büstenhalter
бюстгальтер

das Unterhemd
майка

die Kleidung - одежда

45

der Body

боди

die Hose

брюки

die Jeans

джинсы

der Rock

юбка

die Bluse

блузка

das Hemd

рубашка

der Pullover

свитер

der Kapuzenpullover

свитер

der Blazer

спортивная куртка

die Jacke

жакет

der Mantel

пальто

der Regenmantel

плащ

das Kostüm

костюм

das Kleid

платье

das Hochzeitskleid

свадебное платье

der Anzug

мужской костюм

das Nachthemd

ночная сорочка

der Pyjama

пижама

der Sari

сари

das Kopftuch

платок

der Turban

тюрбан

die Burka

паранджа

der Kaftan

кафтан

die Abaya

абайя

der Badeanzug

купальник

die Badehose

плавки

die kurze Hose

шорты

der Jogginganzug

спортивный костюм

die Schürze

фартук

die Handschuhe

перчатки

der Knopf

пуговица

die Brille

очки

das Armband

браслет

die Halskette

цепочка

der Ring

кольцо

der Ohrring

серьга

die Mütze

шапка

der Kleiderbügel

вешалка

der Hut

шляпа

die Krawatte

галстук

der Reißverschluss

застежка молния

der Helm

шлем

der Hosenträger

подтяжки

die Schuluniform

школьная форма

die Uniform

форма

das Lätzchen

детский нагрудник

der Schnuller

соска

die Windel

подгузник

das Büro
офис

der Server
сервер

der Aktenschrank
канцелярский шкаф

der Drucker
принтер

der Monitor
монитор

das Papier
бумага

der Schreibtisch
письменный стол

die Maus
мышь

der Ordner
папка

die Tastatur
клавиатура

der Papierkorb
корзина для бумаг

der Computer
компьютер

der Sessel
стул

der Kaffeebecher

кофейная кружка

der Taschenrechner

калькулятор

das Internet

интернет

der Laptop

ноутбук

der Brief

письмо

die Nachricht

сообщение

das Handy

мобильный телефон

das Netzwerk

сеть

der Kopierer

ксерокс

die Software

программа

das Telefon

телефон

die Steckdose

розетка

das Fax

факс

das Formular

формуляр

das Dokument

документ

kaufen

покупать

bezahlen

платить

handeln

торговать

das Geld

деньги

der Dollar

доллар

der Euro

евро

der Yen

иена

der Rubel

рубль

der Franken

франк

der Renminbi Yuan

жэньминьби юань

die Rupie

рупия

der Bankomat

банкомат

die Wechselstube

пункт обмена валюты

das Gold

золото

das Silber

серебро

das Öl

нефть

die Energie

энергия

der Preis

цена

der Vertrag

договор

die Steuer

налог

die Aktie

акция

arbeiten

работать

der Angestellte

служащий

der Arbeitgeber

работодатель

die Fabrik

фабрика

das Geschäft

магазин

der Polizist
милиционер

der Feuerwehrmann
пожарный

der Koch
повар

die Ärztin
врач

der Pilot
пилот

der Gärtner

садовник

der Tischler

столяр

die Schneiderin

швея

der Richter

судья

die Chemikerin

химик

der Schauspieler

актёр

der Busfahrer

водитель автобуса

der Taxifahrer

таксист

der Fischer

рыбак

die Putzfrau

уборщица

der Dachdecker

кровельщик

der Kellner

официант

der Jäger

охотник

der Maler

художник

der Bäcker

пекарь

der Elektriker

электрик

der Bauarbeiter

строитель

der Ingenieur

инженер

der Schlachter

мясник

der Installateur

сантехник

die Briefträgerin

почтальон

die Berufe - профессии

der Soldat

солдат

der Architekt

архитектор

die Kassiererin

кассир

die Blumenhändlerin

флорист

der Friseur

парикмахер

der Schaffner

кондуктор

der Mechaniker

механик

der Kapitän

капитан

die Zahnärztin

зубной врач

der Wissenschaftler

ученый

der Rabbi

раввин

der Imam

имам

der Mönch

монах

der Pfarrer

священник

die Berufe - профессии

die Werkzeuge
инструменты

der Hammer
молоток

die Zange
плоскогубцы

der Schraubenzieher
отвёртка

der Schraubenschlüssel
гаечный ключ

die Taschenlampe
карманный фонарь

der Bagger

экскаватор

der Werkzeugkasten

ящик для инструментов

die Leiter

стремянка

die Säge

пила

die Nägel

гвозди

der Bohrer

дрель

reparieren

ремонтировать

die Schaufel

лопата

Scheiße!

Блин!

die Kehrschaufel

совок

der Farbtopf

ведро с краской

die Schrauben

винты

die Musikinstrumente
музыкальные инструменты

der Lautsprecher
громкоговоритель

das Schlagzeug
ударный инструмент

die Gitarre
гитара

der Kontrabass
контрабас

die Trompete
труба

das Klavier

пианино

die Violine

скрипка

der Bass

бас-гитара

die Pauke

литавры

die Trommeln

барабан

die Tastatur

синтезатор

das Saxophon

саксофон

die Flöte

флейта

das Mikrofon

микрофон

der Eingang
вход

der Tiger
тигр

der Käfig
клетка

das Zebra
зебра

das Tierfutter
корм

der Panda
панда

die Tiere

животные

der Elefant

слон

das Känguru

кенгуру

das Nashorn

носорог

der Gorilla

горилла

der Bär

медведь

das Kamel

верблюд

der Strauß

страус

der Löwe

лев

der Affe

обезьяна

der Flamingo

фламинго

der Papagei

попугай

der Eisbär

белый медведь

der Pinguin

пингвин

der Hai

акула

der Pfau

павлин

die Schlange

змея

das Krokodil

крокодил

der Zoowärter

служитель зоопарка

die Robbe

тюлень

der Jaguar

ягуар

das Pony

пони

der Leopard

леопард

das Nilpferd

бегемот

die Giraffe

жираф

der Adler

орёл

das Wildschwein

кабан

der Fisch

рыба

die Schildkröte

черепаха

das Walross

морж

der Fuchs

лиса

die Gazelle

газель

der Zoo - зоопарк

der Sport
спорт

das American Football
американский футбол

das Radfahren
езда на велосипеде

das Tennis
теннис

der Basketball
баскетбол

das Schwimmen
плавание

das Boxen
бокс

das Eishockey
хоккей

der Fußball
футбол

das Badminton
бадминтон

die Leichtathletik
лёгкая атлетика

der Handball
гандбол

das Skifahren
лыжный спорт

das Polo
поло

springen
прыгать

lachen
смеяться

umarmen
обнимать

gehen
идти

singen
петь

träumen
мечтать

beten
молиться

küssen
целовать

schreiben

писать

zeichnen

рисовать

zeigen

показывать

drücken

нажимать

geben

давать

nehmen

брать

haben

иметь

machen

делать

sein

быть

stehen

стоять

laufen

бежать

ziehen

тянуть

werfen

бросать

fallen

падать

liegen

лежать

warten

ждать

tragen

носить

sitzen

сидеть

anziehen

надевать

schlafen

спать

aufwachen

просыпаться

ansehen

рассматривать

weinen

плакать

streicheln

гладить

frisieren

причесывать

reden

говорить

verstehen

понимать

fragen

спрашивать

hören

слушать

trinken

пить

essen

кушать

zusammenräumen

наводить порядок

lieben

любить

kochen

готовить

fahren

ехать

fliegen

летать

segeln

ходить под парусом

rechnen

считать

lesen

читать

lernen

учиться

arbeiten

работать

heiraten

вступать в брак

nähen

шить

Zähne putzen

чистить зубы

töten

убивать

rauchen

курить

senden

отправлять

Großmutter
ушка

der Großvater
дедушка

der Vater
папа

die Mutter
мама

das Baby
младенец

die Tochter
дочь

der Sohn
сын

der Gast
гость

die Tante
тетя

der Onkel
дядя

der Bruder
брат

die Schwester
сестра

der Körper

тело

die Stirn
лоб

das Auge
глаз

die Schulter
плечо

der Finger
палец

das Gesicht
лицо

das Kinn
подбородок

die Hand
кисть

die Brust
грудь

die Hand
кисть

das Bein
нога

der Arm
рука

das Baby
младенец

der Mann
мужчина

die Frau
женщина

das Mädchen
девочка

der Junge
мальчик

der Kopf
голова

der Rücken

спина

der Bauch

живот

der Nabel

пупок

der Zeh

палец ноги

die Ferse

пятка

der Knochen

кость

die Hüfte

бедро

das Knie

колено

der Ellbogen

локоть

die Nase

нос

das Gesäß

ягодицы

die Haut

кожа

die Wange

щека

das Ohr

ухо

die Lippe

губа

der Mund

рот

der Zahn

зуб

die Zunge

язык

das Gehirn

мозг

das Herz

сердце

der Muskel

мышца

die Lunge

лёгкое

die Leber

печень

der Magen

желудок

die Nieren

почки

der Geschlechtsverkehr

половой акт

das Kondom

презерватив

die Eizelle

яйцеклетка

das Sperma

сперма

die Schwangerschaft

беременность

die Menstruation

менструация

die Vagina

вагина

der Penis

пенис

die Augenbraue

бровь

das Haar

волосы

der Hals

шея

das Spital
больница

die Rettung
машина скорой помощи

der Rollstuhl
кресло-каталка

der Bruch
перелом

die Ärztin

врач

die Notaufnahme

пункт первой помощи

die Krankenschwester

медсестра

der Notfall

неотложный случай

ohnmächtig

без сознания

der Schmerz

боль

die Verletzung

повреждение

die Blutung

кровотечение

der Herzinfarkt

инфаркт

der Schlaganfall

инсульт

die Allergie

аллергия

der Husten

кашель

das Fieber

вышенная температура

die Grippe

грипп

der Durchfall

понос

die Kopfschmerzen

головная боль

der Krebs

рак

die Diabetes

диабет

der Chirurg

хирург

das Skalpell

скальпель

die Operation

операция

das Spital - больница

das CT

КТ

das Röntgen

рентген

der Ultraschall

ультразвук

die Maske

маска

die Krankheit

болезнь

das Wartezimmer

приёмная

die Krücke

костыль

das Pflaster

пластырь

der Verband

бинт

die Injektion

укол

das Stethoskop

стетоскоп

die Trage

носилки

das Thermometer

термометр

die Geburt

рождение

das Übergewicht

избыточный вес

das Hörgerät

слуховой аппарат

das Desinfektionsmittel

дезинфекционное
средство

die Infektion

инфекция

das Virus

вирус

das HIV / AIDS

ВИЧ / СПИД

die Medizin

лекарство

die Impfung

прививка

die Tabletten

таблетки

die Pille

противозачаточная
таблетка

der Notruf

экстренный вызов

der Blutdruckmesser

прибор для измерения
кровяного давления

krank / gesund

больной / здоровый

der Notfall
неотложный случай

Hilfe!

Помогите!

der Alarm

сигнал тревоги

der Überfall

нападение

der Angriff

атака

die Gefahr

опасность

der Notausgang

запасной выход

Feuer!

Пожар!

der Feuerlöscher

огнетушитель

der Unfall

несчастный случай

der Erste-Hilfe-Koffer

аптечка

SOS

SOS

die Polizei

милиция

das Europa

Европа

das Nordamerika

Северная Америка

das Südamerika

Южная Америка

das Afrika

Африка

das Asien

Азия

das Australien

Австралия

der Atlantik

Атлантический океан

der Pazifik

Тихий океан

der Indische Ozean

Индийский океан

der Antarktische Ozean

Антарктический океан

der Arktische Ozean

Северный Ледовитый
океан

der Nordpol

Северный полюс

der Südpol

Южный полюс

die Antarktis

Антарктика

die Erde

земля

das Land

суша

das Meer

море

die Insel

остров

die Nation

нация

der Staat

государство

die Erde - земля

das Ziffernblatt

циферблат

der Stundenzeiger

часовая стрелка

der Minutenzeiger

минутная стрелка

der Sekundenzeiger

секундная стрелка

Wie spät ist es?

Который час?

der Tag

день

die Zeit

время

jetzt

сейчас

die Digitaluhr

электронные часы

die Minute

минута

die Stunde

час

die Woche

неделя

der Montag
понедельник

der Mittwoch
среда

der Freitag
пятница

der Dienstag
вторник

der Donnerstag
четверг

der Samstag
суббота

der Sonntag
воскресенье

gestern

вчера

heute

сегодня

morgen

завтра

der Morgen

утро

der Mittag

полдень

der Abend

вечер

die Arbeitstage

рабочие дни

das Wochenende

выходные

der Regenbogen
радуга

der Regen
дождь

der Schnee
снег

der Wind
ветер

der Frühling
весна

der Herbst
осень

der Sommer
лето

der Winter
зима

die Wettervorhersage

прогноз погоды

das Thermometer

термометр

der Sonnenschein

солнечный свет

die Wolke

туча

der Nebel

туман

die Luftfeuchtigkeit

влажность воздуха

der Blitz

молния

der Donner

гром

der Sturm

буря

der Hagel

град

der Monsun

муссон

die Flut

наводнение

das Eis

лёд

der Jänner

январь

der Februar

февраль

der März

март

der April

апрель

der Mai

май

der Juni

июнь

der Juli

июль

der August

август

der September

сентябрь

der Oktober

октябрь

der November

ноябрь

der Dezember

декабрь

die Formen

формы

der Kreis

круг

das Quadrat

квадрат

das Rechteck

прямоугольник

das Dreieck

треугольник

die Kugel

шар

der Würfel

куб

die Farben

цвета

weiß
белый

gelb
желтый

orange
оранжевый

pink
розовый

rot
красный

lila
лиловый

blau
синий

grün
зелёный

braun
коричневый

grau
серый

schwarz
черный

viel / wenig

много / мало

wütend / friedlich

яростный / мирный

hübsch / hässlich

красивый / уродливый

der Anfang / das Ende

начало / конец

groß / klein

большой / маленький

hell / dunkel

светлый / темный

er Bruder / die Schwester

брат / сестра

sauber / schmutzig

чистый / грязный

vollständig / unvollständig

полный / неполный

der Tag / die Nacht

день / ночь

tot / lebendig

мёртвый / живой

breit / schmal

широкий / узкий

genießbar / ungenießbar

съедобный / несъедобный

böse / freundlich

злой / дружелюбный

aufgeregt / gelangweilt

взволнованный / скучающий

dick / dünn

толстый / худой

zuerst / zuletzt

сначала / в конце

der Freund / der Feind

друг / враг

voll / leer

полный / пустой

hart / weich

твёрдый / мягкий

schwer / leicht

тяжёлый / легкий

der Hunger / der Durst

голод / жажда

krank / gesund

больной / здоровый

illegal / legal

незаконный / законный

gescheit / dumm

умный / глупый

links / rechts

слева / справа

nah / fern

близко / далеко

neu / gebraucht

новый / подержанный

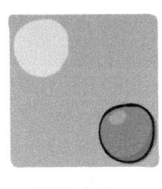

nichts / etwas

ничто / нечто

alt / jung

старый / молодой

an / aus

включено / выключено

offen / geschlossen

открыто / закрыто

leise / laut

тихо / громко

reich / arm

богатый / бедный

richtig / falsch

правильный /
неправильный

rau / glatt

шероховатый / гладкий

traurig / glücklich

печальный / счастливый

kurz / lang

короткий / длинный

langsam / schnell

медленный / быстрый

nass / trocken

мокрый / сухой

warm / kühl

тёплый / прохладный

der Krieg / der Frieden

война / мир

die Gegenteile - противоположности   87

die Zahlen
цифры

0

null

ноль

1

eins

один

2

zwei

два

3

drei

три

4

vier

четыре

5

fünf

пять

6

sechs

шесть

7

sieben

семь

8

acht

восемь

9

neun

девять

10

zehn

десять

11

elf

одиннадцать

12

zwölf

двенадцать

13

dreizehn

тринадцать

14

vierzehn

четырнадцать

15

fünfzehn

пятнадцать

16

sechzehn

шестнадцать

17

siebzehn

семнадцать

18

achtzehn

восемнадцать

19

neunzehn

девятнадцать

20

zwanzig

двадцать

100

hundert

сто

1.000

tausend

тысяча

1.000.000

Million

миллион

die Sprachen
языки

Englisch

английский

Amerikanisches Englisch

американский английский

Chinesisch (Mandarin)

мандаринский китайский

Hindi

хинди

Spanisch

испанский

Französisch

французский

Arabisch

арабский

Russisch

русский

Portugiesisch

португальский

Bengalisch

бенгальский

Deutsch

немецкий

Japanisch

японский

ich

я

du

ты

er / sie / es

он / она / оно

wir

мы

ihr

вы

sie

они

Wer?

кто?

Was?

что?

Wie?

как?

Wo?

где?

Wann?

когда?

Name

имя

hinter

за

in

в

vor

перед

über

над

auf

на

unter

под

neben

рядом

zwischen

между

der Ort

место